Marion Dawidowski

Laubsägearbeiten zum Weihnachtsfest

Marion Dawidowski

Laubsägearbeiten zum Weihnachtsfest

Mit Vorlagenbogen

Material

Sperrholz

Sperrholz erhalten Sie in Holzhandlungen, Baumärkten und Tischlereien. Fragen Sie nach preiswerten Reststücken. Es besteht aus dünnen Furnieren, die kreuzweise übereinander geleimt sind. Dickere Platten enthalten meist Füllschichten aus weniger wertvollem Material. Sperrholz gibt es aus verschiedenen Hölzern und in verschiedenen Stärken. Möchten Sie eines der Motive für den Außenbereich arbeiten, verwenden Sie dafür wasserfest verleimtes Sperrholz. Es lässt sich etwas schwerer sägen als anderes Sperrholz, weist aber eine gute Kantenverarbeitung auf. Dieses gibt es ebenfalls in verschiedenen Stärken. Es muss wetterfest versiegelt werden.

Wichtig:

Ist in den Anleitungen 20 mm starkes Sperrholz genannt, wurden hierfür vor dem Sägen zwei 10 mm starke Platten aufeinander geleimt.

Pappelsperrholz

ist leicht, hell, fest und kurzfaserig, jedoch selten als Rest in Tischlereien und Baumärkten zu finden.

Birkensperrholz

ist ein festes, helles Sperrholz mit feiner Maserung.

Kiefernsperrholz

hat eine kräftige, grobe Maserung, die hellgelb bis rötlich wirkt.

Marion Dawidowski

Laubsägearbeiten zum Weihnachtsfest

Mit Vorlagenbogen

Material

Sperrholz

Sperrholz erhalten Sie in Holzhandlungen, Baumärkten und Tischlereien. Fragen Sie nach preiswerten Reststücken. Es besteht aus dünnen Furnieren, die kreuzweise übereinander geleimt sind. Dickere Platten enthalten meist Füllschichten aus weniger wertvollem Material. Sperrholz gibt es aus verschiedenen Hölzern und in verschiedenen Stärken. Möchten Sie eines der Motive für den Außenbereich arbeiten, verwenden Sie dafür wasserfest verleimtes Sperrholz. Es lässt sich etwas schwerer sägen als anderes Sperrholz, weist aber eine gute Kantenverarbeitung auf. Dieses gibt es ebenfalls in verschiedenen Stärken. Es muss wetterfest versiegelt werden.

Wichtig:

Ist in den Anleitungen 20 mm starkes Sperrholz genannt, wurden hierfür vor dem Sägen zwei 10 mm starke Platten aufeinander geleimt.

Pappelsperrholz

ist leicht, hell, fest und kurzfaserig, jedoch selten als Rest in Tischlereien und Baumärkten zu finden.

Birkensperrholz

ist ein festes, helles Sperrholz mit feiner Maserung.

Kiefernsperrholz

hat eine kräftige, grobe Maserung, die hellgelb bis rötlich wirkt.

Marion Dawidowski

Laubsägearbeiten zum Weihnachtsfest

Mit Vorlagenbogen

Inhalt

Vorwort

Wenn die Tage kürzer werden und die Temperaturen sinken, holen wir fröstelnd Schal und Handschuhe aus dem Schrank. Die Kinder können den ersten Schnee kaum abwarten.

Wieder zu Hause, warten vielleicht ein knisterndes Feuer im Ofen und eine Tasse Schokolade zum Aufwärmen. Wie schön, wenn dann zauberhafte Dekorationen aus Holz die behagliche Stimmung noch unterstützen:

Am Adventskalender lassen sich die Tage bis Weihnachten abzählen (auch große »Kinder« freuen sich über nette Kleinigkeiten). Schneemann und Elch begrüßen liebe Freunde schon an der Haustür. Der Kerzenbär und seine Freunde sorgen für stimmungsvolles Licht, während Nikolaus und Weihnachtshase vom Regal herunterschauen. Damit das Warten auf Weihnachten nicht so lang wird, bringen Weihnachtsschach, der fliegende Engel und die Mondschaukel etwas Zeitvertreib. Damit die heimlichen Helfer des Christkindes nicht entdeckt werden, machen Wichtel und Maus den Schlüssellochguckern einen Strich durch die Rechnung. Natürlich finden Sie auch Anregungen für kleine Mitbringsel, Anhänger und Tischdekorationen.

Alle Modelle sind einfach nachzuarbeiten und wecken sicher auch bei Ihnen die Vorfreude auf Weihnachten.

Viel Spaß wünscht Ihnen
Marion Dawidowski

Material

Sperrholz

Sperrholz erhalten Sie in Holzhandlungen, Baumärkten und Tischlereien. Fragen Sie nach preiswerten Reststücken. Es besteht aus dünnen Furnieren, die kreuzweise übereinander geleimt sind. Dickere Platten enthalten meist Füllschichten aus weniger wertvollem Material. Sperrholz gibt es aus verschiedenen Hölzern und in verschiedenen Stärken. Möchten Sie eines der Motive für den Außenbereich arbeiten, verwenden Sie dafür wasserfest verleimtes Sperrholz. Es lässt sich etwas schwerer sägen als anderes Sperrholz, weist aber eine gute Kantenverarbeitung auf. Dieses gibt es ebenfalls in verschiedenen Stärken. Es muss wetterfest versiegelt werden.

Wichtig:

Ist in den Anleitungen 20 mm starkes Sperrholz genannt, wurden hierfür vor dem Sägen zwei 10 mm starke Platten aufeinander geleimt.

Pappelsperrholz

ist leicht, hell, fest und kurzfaserig, jedoch selten als Rest in Tischlereien und Baumärkten zu finden.

Birkensperrholz

ist ein festes, helles Sperrholz mit feiner Maserung.

Kiefernsperrholz

hat eine kräftige, grobe Maserung, die hellgelb bis rötlich wirkt.

Balsaholz

ist ein sehr weiches, leichtes Holz, das sich leicht schneiden lässt.

Limba

hat keine Maserung, sondern die Oberfläche sieht aus, als wäre sie mit Nadeln geritzt. Leicht rötliche Farbe.

Buchensperrholz

ist ein festes, kurzfaseriges, leicht rötliches Holz.

Berücksichtigen Sie bei der Holzauswahl:

1. Je feiner die Maserung und je kurzfaseriger das Holz, desto sauberer der Schnitt.
2. Mehrschichtig verleimtes Sperrholz ist stabiler als solches mit nur drei Schichten.
3. Wasserfest verleimtes Sperrholz ist haltbarer gegenüber Witterungseinflüssen.

Farben

Die Auswahl der Farben richtet sich in erster Linie nach dem Verwendungszweck und Ihrem Geschmack. Für die in diesem Buch gezeigten Modelle wurde vorwiegend Acryllack verwendet.

Acryllack

Wasserlöslicher Acryllack ist nach dem Auftrocknen wasserfest. Die Farben lassen sich untereinander mischen und werden in zwei Schichten aufgetragen. Für lasurähnliche Effekte können Sie diese Farben mit Wasser verdünnen und anschließend mit Klarlack schützen. Für den Außenbereich sind Lacke auf Kunstharzbasis am wetterbeständigsten. Hier benötigen Sie Terpentinersatz zum Reinigen der Pinsel. Sie erhalten glänzende oder matte Lacke in Farbenfachgeschäften und Baumärkten oder in kleinen Mengen als Bastelfarbe im Hobbybedarf.

Klarlack

Sie können je nach persönlichem Geschmack zwischen glänzendem oder mattem Lack wählen. Klarlack versiegelt alle Holzoberflächen wasserfest und schützt vor Staub. Wollen Sie bereits mit Holzbeizen bemalte Flächen versiegeln, testen Sie auf einem Reststück, ob sich der Lack mit der Beize verträgt. Es kann sonst eventuell zu Bläschen im Lack oder zu Farbveränderungen kommen.

Holzbeizen

Farbige Holzbeizen gibt es in verschiedenen kräftigen Farbtönen. Sie lassen sich untereinander mischen und mit Wasser verdünnen und dadurch aufhellen.
Beizen färben das Holz, die Maserung bleibt sichtbar, die Oberfläche offenporig. Alle gebeizten Oberflächen, die mit Feuchtigkeit in Berührung kommen, müssen mit Klarlack versiegelt werden. Die Beize zuvor gut trocknen lassen. Auf hellem Holz leuchten die Farben besonders schön. Ein einmaliger Farbauftrag genügt.

Wasserfarben

Diese in jedem Haushalt vorhandenen Farben eignen sich besonders für die Arbeit mit Kindern. Sie lassen sich problemlos von Händen und Kleidung entfernen. Je nachdem, ob den Farben Deckweiß beigemischt wird, kann das Ergebnis sowohl transparent als auch deckend sein. Der Farbauftrag muss anschließend mit Klarlack versiegelt werden.

Lackstift

Feine Linien oder Augen lassen sich gut mit einem Lackstift aufmalen. Achtung: Auf unbehandeltem Holz kann der Farbauftrag zerfließen. Vorher mit Klarlack oder Buntlack lackieren!

Rundholzstäbe

Sie bekommen Rundholzstäbe in Baumärkten, manchmal auch in Bastelgeschäften. Wählen Sie Stäbe aus Buchenholz, das fester ist als Kiefer oder Fichte. Den benötigten Durchmesser entnehmen Sie den jeweiligen Materiallisten.

Leim

Zum Verbinden einzelner Teile oder Stäbe verwenden Sie Holzleim, der in Bastelgeschäften oder Baumärkten erhältlich ist. Für den Außenbereich benötigen Sie wasserfesten Leim.

Nägel

Zum Aufsetzen von Einzelteilen benötigen Sie Stiftnägel. Für die Objekte in diesem Buch wurden Nägel in der Größe 1 x 15 mm verwendet. Sie erhalten Stiftnägel im Baumarkt.

Bindedraht

Es gibt Bindedraht in verschiedenen Ausführungen und Stärken im Floristenbedarf, beim Gärtner oder im Baumarkt. In diesem Buch wurde überwiegend verzinkter Blumenbindedraht der Stärke 0,7 mm (auf ein Hölzchen gewickelt) und verzinkter Bindedraht von 1,5 mm Durchmesser (als Rolle) verwendet.

Alublech

Im Bastelbedarf, vorwiegend für den Modellbau, erhalten Sie Alublech in verschiedenen Stärken als Zuschnitte. Für die hier gezeigten Modelle wurde Alublech von 0,2 mm Stärke verwendet. Sie können es einfach mit einer alten Haushaltsschere schneiden.

Das brauchen Sie noch

Transparentpapier
Kohlepapier
Holzdübel

Accessoires wie Perlen, Bindedraht, Bast und Stoffreste sind in den Materiallisten der Anleitungen angegeben. Muster von Schleifenbändern und Stoffen sind oft nur für eine Saison im Handel erhältlich. Schauen Sie nach ähnlichen Mustern.

Werkzeug

Die Laubsäge

Zur Ausstattung einer Handlaubsäge gehören der Laubsägebogen und das Sägetischchen mit einer Schraubklemme. Sie erhalten beides in Bastelgeschäften oder Baumärkten.
Eine elektrische Laubsäge (Dekupiersäge) erleichtert die Arbeit. Dekupiersägen gibt es in verschiedenen Ausstattungen und Preislagen in Baumärkten und Werkzeugfachgeschäften. Beim Kauf einer solchen Säge sollten Sie besonders darauf achten, dass die Sägetiefe, also der Abstand vom Sägeblatt bis zur Verbindung zwischen Sägearm und Motorgehäuse, für die von Ihnen geplanten Motive groß genug ist. Ebenfalls sehr wichtig ist ein in sich stabiler und gut befestigter Sägearm. Hat sich dieser einmal verzogen, werden die Sägeschnitte nicht mehr senkrecht.

Das Sägeblatt

Sägeblätter für Holz gibt es in verschiedenen Stärken. Dünne Sägeblätter mit feinen Zähnen (Nr. 1) werden für dünnes Holz benutzt. Die kräftigeren mit den gröberen Zähnen sind für dickeres Holz gedacht. Mit einem zu groben Sägeblatt würde dünnes Sperrholz beim Sägen an der Schnittkante stark ausreißen.

Die Bohrmaschine

Die Bohrmaschine muss ein Bohren mit hohen Drehzahlen ermöglichen, um das Ausreißen der Bohrränder zu vermeiden. Zweckmäßig ist ein Bohrständer, da so mehrere Teile übereinander in einem Arbeitsgang durchbohrt werden können. Beim Ausbohren der Vertiefungen für Teelichter ist ein Bohrständer unbedingt erforderlich.

Der Bohrer

Holzbohrer gibt es von 4 mm bis 14 mm Durchmesser. Von 15 mm bis 35 mm Durchmesser findet man sie unter der Bezeichnung Forstnerbohrer.
Wichtig: In einigen Anleitungen finden Sie für Boh-

rungen die Maßangabe 2 mm oder 3 mm Durchmesser. Verwenden Sie hier einen Metallbohrer. Bei so einem geringen Durchmesser ist eine Zentrierspitze nicht erforderlich.

Das Schmirgelpapier

Für die in diesem Buch gezeigten Arbeiten benötigen Sie Schmirgelpapier für Holz mit der Körnung 150 – 180. Je größer die Zahl, desto feiner die Körnung. Erhältlich in Baumärkten.

Die Pinsel

Einfache Borstenpinsel oder Naturhaarpinsel sind zweckmäßig. Drei Größen, z.B. 5, 8 und 12, reichen zunächst aus. Für das Malen von Gesichtern eignen sich gute Synthetik- oder Marderhaarpinsel am besten. Diese Pinsel sind zwar teurer, aber wesentlich

formstabiler und bilden eine feine Spitze. Ein Pinsel Nr. 2 oder 3 genügt. Nach dem Ausspülen die Pinsel immer mit den Pinselhaaren nach oben in ein Gefäß zum Trocknen stellen.

Pinsel erhalten Sie im Bastelgeschäft und zum Teil in Baumärkten.

Weiteres Werkzeug

Zu der Grundausstattung Ihrer Werkstatt sollten außerdem gehören:

weicher Bleistift
Schere
Zackenschere für Stoff (für einige Objekte)
Hammer
Schraubzwingen
Seitenschneider
Spitzzange

Grundtechniken

Übertragen der Vorlagen

Zeichnen Sie die Motive mit Hilfe von Butterbrot- oder Transparentpapier von der Vorlage ab. Legen Sie Ihre Zeichnung auf das Holzstück und schieben Sie einen Bogen Kohlepapier dazwischen. Ziehen Sie alle Linien mit einem Stift nach.

Wollen Sie ein Motiv häufiger arbeiten, lohnt sich das Anfertigen einer Schablone. Kleben Sie dazu das Butterbrotpapier mit dem abgepausten Motiv auf ein Stück Tonkarton und schneiden Sie dieses aus. Nun können Sie es mehrfach auf das Holz auflegen und jeweils mit einem weichen Bleistift umfahren. Die Innenlinien für die Bemalung zeichnen Sie entweder freihändig ein oder übertragen sie ebenfalls mit Kohlepapier.

Sind nach dem Schmirgeln die Innenlinien nicht mehr vollständig, dann schraffieren Sie diese auf der Rückseite der Transparentpapiervorlage mit Bleistift, legen sie an den Umrissen passgenau auf das Holz und zeichnen die Linien nach. Die Wiedergabe der Linien ist hierbei etwas schwächer als bei Kohlepapier.

Wichtig: Übertragen Sie auch alle Markierungen wie Kreuze und Pfeile. Die Kreuze markieren Bohrungen in die Fläche eines Motivs, die Pfeile geben an, wo Sie seitlich in ein Werkstück hineinbohren.

Aussägen der Motive

Zunächst wird das Sägeblatt in die Laubsäge eingespannt. Beachten Sie, dass die Sägezähne vom Sägebogen weg und nach unten zeigen, wenn Sie die Säge am Griff festhalten. Das Sägeblatt erst auf einer Seite zwischen den Klemmbacken festschrauben, dann ebenso mit der anderen Seite verfahren, dabei gleichzeitig den Bogen der Säge etwas zusammendrücken. So ist das Sägeblatt gespannt.

Schrauben Sie die Sägehilfe (Sägetischchen) mit der dazugehörigen Zwinge an der Arbeitsplatte fest. Sie verhindert, dass in die Arbeitsplatte hineingesägt wird. Legen Sie das Sperrholz auf die Sägehilfe und halten Sie es mit einer Hand fest. Mit der anderen Hand ziehen Sie die Säge ohne Druck von oben nach unten durch das Holz. Bei der Aufwärtsbewegung

So übertragen Sie die Vorlagen auf das Sperrholz.

Mit einer Dekupiersäge können Sie besonders präzise arbeiten.

die Säge ganz locker führen. Sie bekommen sehr schnell ein Gespür für die richtige Handhabung. Wenn Sie mit einer Dekupiersäge arbeiten, lesen Sie zuvor die Bedienungsanweisung.

Beim Sägen von spitzen Winkeln oder engen Kurven die Säge nicht in die neue Richtung drehen. Das Sägeblatt würde sich verdrehen und reißen. Sägen Sie auf der Stelle den Sägespalt etwas breiter und drehen Sie das Holz langsam in die neue Richtung. Oder Sie beginnen an einer anderen Stelle neu und sägen zum ersten Schnitt hin. Eine weitere Möglichkeit ist das Vorbohren von kleinen Löchern an schwierigen Stellen. Ebenso gehen Sie vor, wenn Sie ein Motiv mit innen liegenden Ausschnitten sägen möchten. Durch das vorgebohrte Loch hindurch wird das Sägeblatt neu eingespannt.

Bei Dekupiersägen erzielen Sie einen saubereren Schnitt, wenn Sie etwas Presspappe unter das Holz legen.

Bohren der Löcher

Verwenden Sie nur scharfe, noch recht neue Holzbohrer. Diese erkennen Sie an der Zentrierspitze. Für besonders kleine Bohrungen verwenden Sie einen Metallbohrer mit 2 mm oder 3 mm Durchmesser. Um Verletzungen vorzubeugen, wird das zu bohrende Werkstück immer mit Schraubzwingen auf der Arbeitsplatte befestigt. Ein Ausfransen der Bohrungen können Sie verhindern, indem Sie einen Sperrholzrest unterlegen, das Motiv möglichst mit einer kleinen Schraubzwinge darauf befestigen und mit hoher Drehzahl bohren. So können Sie auch mehrere Teile gleichzeitig durchbohren. Sehr hilfreich ist auch ein Bohrständer.

Bei einigen Objekten werden Bohrungen schräg ausgeführt. Setzen Sie den Bohrer hier zunächst gerade an, damit er nicht wegrutscht. Neigen Sie dann während des Bohrens den Bohrer langsam in die gewünschte Richtung.

11

Markierungshilfen, »Pins«, erleichtern passgenaues Arbeiten.

Zeichnen Sie dazu die Materialstärke auf der Holzfläche an und schlagen Sie ein oder zwei Stiftnägel mittig bis zur Hälfte ein. Mit einem Seitenschneider die Köpfe der Nägel abkneifen (dabei immer eine Schutzbrille tragen). Streichen Sie die Holzkante mit Leim ein und drücken Sie diese richtig platziert ganz auf die Stiftnägel.

Dickere Holzteile werden mit Dübeln verbunden. Hierbei sind Markierungshilfen, so genannte Pins, sehr nützlich. Sie bohren z.B. in die Unterkante einer Figur, setzen die Markierungshilfe hinein und drücken das zweite Teil passgenau dagegen. Die Markierungshilfen haben in der Mitte einen Dorn, der sich in das Holz drückt und Ihnen so genau die Position der zweiten Bohrung kennzeichnet. Diese Markierungshilfen gibt es in verschiedenen Durchmessern im Baumarkt.

Holzverbindungen

Dort, wo Holzteile flächig miteinander verbunden werden, genügt es, diese zuvor flächig dünn mit Leim einzustreichen und mit Schraubzwingen zusammenzupressen.

Wird ein dünnes Holzteil mit seiner Kante auf eine Holzfläche gesetzt, muss zusätzlich gestiftet werden.

Schmirgeln Sie immer von der Fläche zur Kante hin.

Schmirgeln und Bemalen

Grundsätzlich werden alle Sägekanten mit feinem Schmirgelpapier geglättet. Auch die Bohrungen werden leicht geschmirgelt. Reste von Bleistift oder Kohlepapier, die nicht für die Bemalung benötigt werden, schmirgeln Sie ebenfalls weg. Schmirgeln Sie immer von der Holzfläche nach außen zur Sägekante hin. Vor dem Bemalen alle Teile entstauben.

Bei Holzbeizen genügt ein einmaliger Farbauftrag. Tragen Sie die Beizen mit einem dicken Pinsel in einem Arbeitsgang auf alle Flächen und Kanten auf. Dort, wo die Beize bereits angetrocknet ist, ergeben sich sonst Ränder. Möglichst auf einer Kante auf Zeitungspapier zum Trocknen abstellen.

Lacke werden immer zweimal aufgetragen. Das erste Mal wird in Faserrichtung gestrichen, damit die Farbe auch in die Vertiefungen der Maserung gelangt. Der zweite Anstrich erfolgt in Querrichtung zum ersten.

Tipp

Um die Wangen der Figuren ein wenig rosig zu bekommen, legen Sie einen weichen Baumwolllappen um den Finger einer Hand. Mit dem Wachsmalstift über den Stoff reiben und nun mit dem Lappen leicht über das Holz reiben.

Kanten-Nikolaus

Schmunzelnd schaut der freundliche Kerl vom Regal herunter.

Motivgröße 20 cm
Vorlagenbogen Seite A

Material
Sperrholz, 20 mm stark, 18 x 20 cm
Sperrholz, 10 mm stark, 4 x 7 cm
2 Stiftnägel, 8 x 11 mm
Farben
roter Wachsmalstift
rotes Schleifenband, 5 cm breit, 26 cm lang

So wird's gemacht

Sägen Sie den Nikolaus einmal und den Fuß zweimal aus dem 20 mm starken Sperrholz aus. Die Hand wird zweimal aus dem 10-mm-Holz gesägt. In die Stiefel laut Vorlage je einen Schlitz sägen. Nun alle Teile schmirgeln und entsprechend dem Foto

bemalen. Wangen und Nase mit dem Wachsmalstift betonen.

Die Hände werden auf der Körperrückseite bündig zur Unterkante mit Leim und Stiftnägeln (siehe Holzverbindungen, Seite 12) befestigt, so als stützte sich der Nikolaus nach hinten ab. Schneiden Sie das Schleifenband in zwei gleich lange Stücke. Jeweils ein Ende umlegen und mit Leim unter den Körper kleben. Die anderen Enden ebenso in die Schlitze der Stiefel kleben.

Frohes Fest!

Schon an der Tür wünscht dieser Elch den Gästen ein »Frohes Fest«.

Motivgröße 30 cm
Vorlagenbogen Seite B

Material
Sperrholz, 10 mm stark, 20 x 40 cm
rote Holzperle, Ø 10 mm
Farben
verzinkter Blumenbindedraht
Naturbast

Hilfsmittel
Bohrer, Ø 3 mm

So wird's gemacht

Sägen Sie die Tanne zweimal, den Elch und das Schild je einmal aus dem Sperrholz aus. Die Bohrungen laut Vorlage ausführen. Alle Teile schmirgeln und entsprechend dem Foto bemalen.

Halbieren Sie die Holzperle mit einem scharfen Messer und leimen Sie eine Hälfte als Nase auf. Aus dem Draht biegen Sie das Geweih laut Vorlage, den Draht dabei doppelt legen und umeinander drehen. Anschließend mit Leim in die Bohrungen am Kopf kleben.

Die Tannen leicht versetzt aufeinander leimen (die obere Bohrung für die Aufhängung liegt jeweils außen) und den Elch darauf platzieren. Das Schild hängen Sie mit Draht an die Tannen.

Zum Aufhängen schneiden Sie zwei etwa 65 cm lange Drahtstücke ab und verdrehen diese miteinander. An einigen Stellen wickeln Sie den Draht um einen Stift zu Spiralen und befestigen die Enden an den Bohrungen der Tannen. Zum Schluss noch eine Schleife aus Bast an den Draht binden.

Willkommensgruß

Freundlich heißt der Schneemann Ihre Gäste willkommen.

Motivgröße 30 cm
Vorlagenbogen Seite A

Material
Sperrholz, 10 mm stark, 22 x 26 cm
Farben
roter Wachsmalstift
weißer Lackstift
verzinkter Blumenbindedraht
Schleifenband, 4 cm breit, 70 cm lang
Naturbast
kleiner Holzstern

Hilfsmittel
Bohrer, Ø 3 mm

So wird's gemacht

Sägen Sie den Schneemann und das Schild aus und bohren Sie die Löcher für die Aufhängung. Alle Kanten mit Schmirgelpapier glätten und entstauben. Nun bemalen Sie beide Teile entsprechend dem Foto oder Ihren eigenen Vorstellungen. Mit dem weißen Lackstift den Schriftzug aufzeichnen, das Herz umrahmen und den Hut bemalen. Die Wangen betonen Sie mit dem Wachsmalstift.
Leimen Sie das Schild auf den Schneemann. Wickeln Sie ein Stück Blumendraht ab und befestigen Sie das Ende an einer Bohrung des Hutes. Um einen Stift ein paar Spiralen in den Draht biegen, ihn in passender Länge abschneiden und das Ende an der anderen Bohrung befestigen.
Vom Schleifenband 10 cm abschneiden, mit einem Bastfaden in der Mitte zusammenziehen und am Draht befestigen. Den kleinen Stern auf den Knoten kleben. Das übrige Schleifenband um den Hals zur Schleife binden.

Bald ist es so weit

*Zwinkernd schaut der Elch
hinter der Tanne hervor.*

Motivgröße 23 cm
Vorlagenbogen Seite B

Material
Sperrholz, 20 mm, 15 x 26 cm
Sperrholz, 10 mm, 22 x 35 cm
Rundholz, Ø 6 mm, 15 cm lang
2 Holzdübel, Ø 6 mm
rote Perle, Ø 6 mm
Stiftnagel
Farben
Blumenbindedraht
4 Tannenbaumkerzen

Hilfsmittel
Bohrer, Ø 2 mm, Ø 6 mm, Ø 12 mm

So wird's gemacht

Sägen Sie die Tannen, den Elchkopf und das Schild aus dem 10-mm-Sperrholz und die Standfläche A (Vorlagen Seite 63) aus dem 20-mm-Sperrholz.
Die Bohrungen laut Vorlage ausführen, und zwar für die Tannen und das Schild mit dem 6-mm-Bohrer, für die Kerzen mit dem 12-mm-Bohrer. Für das Geweih des Elchs mit dem 2-mm-Bohrer vorbohren.
Leimen Sie die Tannen mit den Dübeln auf die Standfläche und bemalen Sie alle Teile entsprechend dem Foto.
Das Rundholz befestigen Sie zuerst mit Leim und dem Stiftnagel auf der Rückseite des Schildes und leimen es dann in die Bohrung der Standfläche ein.
Die Perle halbieren Sie mit einem Messer und kleben dem Elch eine Hälfte als Nase auf. Aus dem Blumendraht das Geweih biegen und in die Bohrung am Kopf einkleben. Platzieren Sie den Elch mit etwas Leim hinter einer Tanne.
Zum Schluss die Kerzen in die Bohrungen stecken.

Vorsicht!
Lassen Sie brennende Kerzen nie unbeaufsichtigt!

16

Schutzengel

Einen so freundlichen Schutzengel braucht jeder Mensch.

Motivgröße 32 cm
Vorlagenbogen Seite A

Material
Sperrholz, 10 mm stark, 27 x 30 cm
Farben, auch Silber
schwarzer Lackstift
roter Wachsmalstift
Juteschnur, 4 m
Blumenbindedraht, 60 cm
Mini-Buchsgirlande, 13 cm

Hilfsmittel
Bohrer, Ø 2 mm

So wird's gemacht

Sägen Sie den Engel und den Flügel (Vorlage spiegeln!) je einmal, den Fuß zweimal aus dem Sperrholz aus. Die Bohrungen laut Vorlage ausführen, alle Teile schmirgeln und entstauben.

Bemalen Sie Engel und Flügel entsprechend dem Foto. Den Schriftzug zeichnen Sie mit dem Lackstift auf. Die Wangen mit dem Wachsmalstift rosig färben. Die Füße befestigen Sie mit Draht am Körper, das Flügelteil wird auf der Rückseite angeleimt.

Von der Juteschnur für die Zöpfe sechs 60 cm lange Stücke und einige 2 cm lange Stücke für den Pony abschneiden. Zunächst die kurzen Stücke als Pony aufkleben, dann die langen Stücke in der Mitte quer darüber kleben. Die Enden flechten Sie zu Zöpfen und sichern sie mit einem Knoten.

In ein etwa 50 cm langes Stück Blumendraht einige Spiralen um einen Stift biegen und die Enden an den Bohrungen der Flügel befestigen. Zum Schluss die Mini-Buchsgirlande zum Kranz biegen und auf die Hände des Engels kleben.

Elvira Elch

»Frohe Weihnachten« wünscht Elvira und präsentiert das Schild ganz keck.

Motivgröße 45 cm
Vorlagenbogen Seite A

Material
Sperrholz, 20 mm stark,
   30 x 45 cm
Sperrholz, 10 mm stark,
   28 x 30 cm
2 Holzdübel, Ø 6 mm
Farben
Lackstift in Schwarz und Weiß
4 Holzstreuteile Stern
Goldkordel, 55 cm

Hilfsmittel
Bohrer, Ø 6 mm

So wird's gemacht

Den Elch sägen Sie aus dem 20-mm-
Sperrholz, das Nasenteil und die Standfläche A (Vorlagen Seite 63) aus
dem 10-mm-Sperrholz. Ebenfalls aus
10-mm-Sperrholz sägen Sie zweimal
die Pfote und einmal das Schild im
Format 8 x 30 cm.
Die Fußsohle des Elchs zweimal für die Dübel vorbohren und mit Hilfe der Pins auf die Standfläche
übertragen (siehe Seite 12).
Bemalen Sie alle Teile entsprechend dem Foto. Den
Schriftzug schreiben Sie erst mit dem schwarzen
Lackstift, dann mit dem weißen darüber. So ergeben
sich Schatten, die die Schrift plastischer erscheinen
lassen.
Leimen Sie nun das Schild auf den Körper und setzen Sie die Pfoten darauf. Den Elch anschließend mit
den Dübeln auf die Standfläche leimen.
Binden Sie eine Schleife in die Goldkordel.
An den Enden je zwei Sterne gegeneinander kleben und die Schleife am Schild
befestigen.

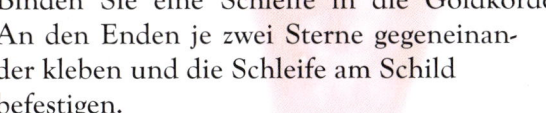

Rentierschlitten

Wo der Schlitten ist, kann der Weihnachtsmann auch nicht mehr weit sein.

Motivgröße 18 cm
Vorlagenbogen Seite B

Material
Sperrholz, 10 mm stark, 26 x 17 cm
Sperrholz, 4 mm stark, 21 x 26 cm
Rundholz, Ø 4 mm, 10 cm lang
4 Stiftnägel, 1 x 15 mm
Farben
Strukturschnee
Goldkordel
Kerze

Hilfsmittel
Bohrer, Ø 4 mm

So wird's gemacht

Sägen Sie das Rentier und die Kufe für den Schlitten zweimal aus dem 10-mm-Sperrholz aus. Aus dem 4-mm-Sperrholz werden eine Standfläche von 8 x 25 cm, zweimal das Seitenteil für den Schlitten, ein Boden von 5 x 6,5 cm und als Vorder- bzw. Rückwand zwei Teile von 4 x 5 cm ausgesägt. Spitzen Sie die Kufen auf der gebogenen Seite mit dem Cutter zu. Die Kufen laut Skizze für das Rundholz vorbohren.
Schmirgeln Sie nun alle Teile und setzen Sie den

Schlitten zusammen. Leimen Sie den Boden sowie Vorder- und Rückteil laut Skizze zwischen die Sei-

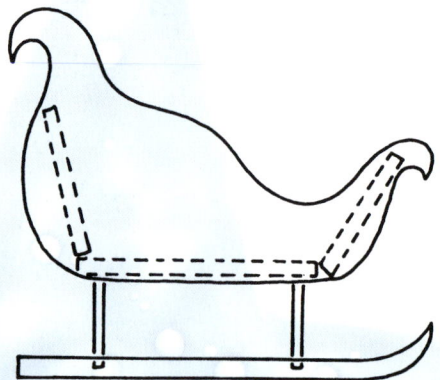

Schlitten in der Seitenansicht mit eingesetztem Boden-, Vorder- und Rückenteil

20

tenteile. Das Rundholz in vier Stücke von je 2,5 cm sägen und in die Bohrungen der Kufen leimen. Setzen Sie den Schlitten mit etwas Leim auf das Untergestell.

Bemalen Sie Rentiere und Schlitten entsprechend dem Foto, die Standfläche wird mit Strukturschnee bemalt.

Den Schlitten befestigen Sie mit Leim auf der Standfläche, die Rentiere werden zusätzlich mit Stiftnägeln fixiert (siehe Seite 12 Holzverbindungen).

Die Goldkordel wird um den Hals eines Rentieres gebunden, um die gebogenen »Nasen« des Schlittens geführt und am Hals des zweiten Rentieres befestigt. Zum Schluss stellen Sie die Kerze in den Schlitten.

Adventskalender

24 kleine Grüße verkürzen die Wartezeit bis zum Heiligabend.

Motivgröße 30 cm
Vorlagenbogen Seite B

Material
Sperrholz, 10 mm stark, 30 x 30 cm
Farben
12 Winkelhaken zum Einschrauben, 2 cm lang
verzinkter Draht, Ø 1,5 mm, 60 cm lang
Schleifenband, 70 cm
Goldkordel

Hilfsmittel
Bohrer, Ø 2 mm

So wird's gemacht

Sägen Sie das Herz und den Stern aus dem Sperrholz aus und bohren Sie die Löcher für die Aufhängung. Legen Sie den Stern und elf Haken zur Probe auf das Herz. Die Stellen für die Haken markieren und mit dem Bohrer vorbohren, ebenso für einen Haken in der Mitte des Sternes.

Beide Teile schmirgeln, entstauben und bemalen. Befestigen Sie den Stern mit Leim auf dem Herz. Die Haken drehen Sie an den vorgebohrten Stellen in das Holz ein. Die Drahtenden von der Rückseite durch die Bohrungen führen und auf der Vorderseite um einen Pinselstiel kleine Spiralen biegen.

Vom Schleifenband schneiden Sie ein Stück von 10 cm ab, binden es in der Mitte mit einem Stück Goldkordel zusammen und befestigen es auf dem Stern. Das übrige Band als Schleife an den Aufhängedraht binden.

Zum Schluss aus weißem Papier 24 kleine Zettel schneiden, mit guten Wünschen oder weihnachtlichen Gedichten beschriften und jeweils zwei mit Schleifen aus Goldkordel versehen an die Haken hängen.

Himmlische Grüße

Das rote Herz überbringt einen weihnachtlichen Gruß der Engel.

Motivgröße 30 cm
Herz: Vorlagenbogen Seite B (Adventskalender)
Sterne: Vorlagen Seite 60 (Weihnachtsschach)

Material
Sperrholz, 10 mm stark, 24 x 30 cm
Sperrholz, 4 mm stark, 5 x 10 cm
Farben
Engelsflügel aus Federn, 12 cm
goldfarbener Zierdraht, Ø 1 mm
Bast
Goldkordel

Hilfsmittel
Bohrer, Ø 2 mm
Heißkleber

So wird's gemacht

Das Herz aus 10-mm-Sperrholz, die beiden Sterne aus 4-mm-Sperrholz sägen.

Für die Aufhängung bohren Sie die Löcher laut Vorlage in das Herz. Die Sterne seitlich vorbohren.

Alle Teile schmirgeln, entstauben und das Herz bemalen.

Binden Sie ein etwa 50 cm langes Stück Goldkordel als Schleife an die Flügel. Die Enden in die Bohrungen der Sterne einkleben. Die Flügel platzieren Sie mit Heißkleber auf dem Herz.

Schneiden Sie einige Bastfäden und ein Stück Zierdraht von 50 cm zurecht. Die Drahtenden von der Rückseite her durch die Bohrungen am Herz ziehen und um einen Pinselstiel herum je eine Spirale drehen. Den Bast ziehen Sie ebenfalls von hinten durch die Bohrungen und knoten ihn an den Draht.

23

Schneemann-Kalender

Wie lang ist es noch bis Weihnachten? Diese Frage beantwortet der Schneemann prompt.

Motivgröße 46 cm
Vorlagenbogen Seite B

Material
Sperrholz, 20 mm stark, 7 x 14 cm
Sperrholz, 10 mm stark, 24 x 36 cm
Sperrholz, 4 mm stark, 20 x 26 cm
Rundholz, Ø 8 mm, 26 cm
3 Dübel, Ø 8 mm
verzinkter Draht, Ø 1,5 mm, 30 cm
Nagel, 1 x 15 mm
Farben, auch Gold
schwarzer und weißer Lackstift
roter Wachsmalstift
Stoff, 6 x 36 cm
Satinband, 4 mm breit, 20 cm

Hilfsmittel
Bohrer, Ø 2 mm, Ø 8 mm
Zackenschere für Stoff

So wird's gemacht

Sägen Sie den Schneemann, zwei Hände, das Schild im Format 8 x 13 cm und die Standfläche B (Vorlage Seite 64) aus dem 10-mm-Sperrholz aus. Die Füße werden aus dem 20-mm-Sperrholz gesägt, die 24 Sterne aus dem 4-mm-Sperrholz.

Die Bohrungen der Sterne und die seitlichen Vorbohrungen für die Arme an Händen und Schultern führen Sie mit dem 2-mm-Bohrer aus. Die Vorbohrungen für die Nase und für die Beine an Körper und Schuhen werden mit dem 8-mm-Bohrer ausgeführt. Bohren Sie die Fußsohlen ebenfalls mit dem 8-mm-Bohrer vor und übertragen Sie die Position mit Pins auf die Standfläche (siehe Seite 12).

Sägen Sie das Rundholz in der Mitte durch und leimen Sie die Stücke als Beine in Körper und Schuhe. Spitzen Sie einen Dübel an einer Seite stark an und leimen Sie ihn mit der stumpfen Seite als Nase in die entsprechende Bohrung.

Nun alle Teile bemalen. Mit dem Wachsmalstift etwas Wangenrot aufreiben.

Für die Arme schneiden Sie den verzinkten Draht in der Mitte durch und kleben je ein Stück als Arm in die Schulterbohrung. Die Hände stecken Sie mit Leim an den Enden auf.

Beschriften Sie das Schild mit dem weißen Lackstift. Versehen Sie es mit dem Nagel für die Sterne und befestigen Sie es auf der Rückseite der Hände. Nun können Sie den Schneemann mit Dübeln und Leim auf die Standfläche stellen. Verwenden Sie den schwarzen Lackstift, um die Sterne mit den Zahlen von 1 bis 24 zu beschriften.

Kleben Sie das Satinband als Hutband auf. Die Kanten des Stoffes mit der Zackenschere nachschneiden und dem Schneemann als Schal um den Hals binden.

Mondschaukel

Schaukeln macht auch Engeln Spaß.

Motivgröße 49 cm
Vorlagenbogen Seite A

Material
Sperrholz, 10 mm stark, 25 x 30 cm
Sperrholz, 15 mm stark, 10 x 14,5 cm
verzinkter Draht, Ø 3 mm, 80 cm
verzinkter Draht, Ø 1,5 mm, 15 cm
Farben, auch Gold
roter Wachsmalstift
Gardinen-Bleiband, ca. 2,5 m (je nach Gewicht)
Stoff, 22 x 22 cm
Goldkordel

Hilfsmittel
Bohrer, Ø 3 mm
Heißkleber
Zackenschere für Stoff

So wird's gemacht

Sägen Sie den Mond einmal, die Wolke zweimal aus dem 10-mm-Sperrholz aus. Die Bohrungen führen Sie laut Vorlage aus (Wolken ganz durchbohren).
Das dickere Holzstück dient als Standfläche. Bohren Sie die beiden Löcher zur späteren Befestigung des Drahtgestells in die Standfläche hinein, und zwar 1,5 cm vom Rand der beiden Schmalseiten und 5 cm von einer Längsseite.
Nun bemalen Sie alle Teile entsprechend dem Foto. Das Wangenrot reiben Sie mit dem Wachsmalstift auf.
Den dünnen Draht knicken Sie in der Mitte und biegen die Enden zu je einer Öse mit einem Innendurchmesser von etwa 5 mm. Die Knickstelle mit Heißkleber in die Bohrung A einkleben und die Enden mit den Ösen 4 cm weit auseinander biegen.
Für das Gestell schneiden Sie von dem dicken Draht ein Stück von 55 cm ab und schieben es durch die Ösen. Biegen Sie den dicken Draht zu einer U-Form, die beiden Schenkel sind 22 cm lang, das gerade bleibende Mittelstück misst 11 cm. Die Enden durch die Bohrung der Wolken schieben, bis sie unten etwa 1 cm herausschauen. Die Unterkante der Wolken mit Leim bestreichen und das Gestell in die Bohrungen der Standfläche stecken.
Den übrigen dicken Draht wie ein Fragezeichen biegen und mit dem geraden Ende in die Bohrung B am Mond einkleben.
Den Stoff an den Kanten mit der Zackenschere nachschneiden. Legen Sie das Bleiband auf das Stoffquadrat und binden Sie es mit der Goldkordel zu einem Bündel. Dieses Bündel als Gewicht an dem Ende des »Fragezeichens« befestigen. Durch vorsichtiges Biegen des Drahtes das Gewicht so verlagern, dass der Mond gleichmäßig über dem Gestell schaukeln kann.

Blumenstecker-Paar

Hier hüpfen Lebkuchenfiguren durch die Blumen.

Material
Sperrholz, 10 mm stark, 11 x 18 cm
Rundholz, Ø 4 mm, 45 cm
Blumenbindedraht
Farben
2 Holzherzen mit Bohrung
Schleifenband, 85 cm
Goldkordel

Hilfsmittel
Bohrer, Ø 2 mm, Ø 4 mm
Heißkleber

Motivgröße 14 cm
Vorlage Seite 64

So wird's gemacht

Sägen Sie die Figur zweimal aus Sperrholz aus. Die Bohrungen an den Armen
führen Sie mit dem 2-mm-Bohrer aus, für
die Bohrung am Bein verwenden Sie den
4-mm-Bohrer.
Beide Figuren schmirgeln und entsprechend dem Foto bemalen. Befestigen Sie
ein etwa 35 cm langes Stück Blumendraht an der Bohrung eines Armes. Biegen Sie einige Spiralen um einen Pinselstiel und fädeln Sie zwischendurch ein
Herz mit auf. Das andere Ende nun am
zweiten Arm befestigen.
Das Rundholz in der Mitte durchsägen
und je eine Hälfte in die Bohrung am
Fuß einer Figur einleimen. Teilen Sie das
Schleifenband in zwei gleich lange Stücke, legen Sie die Teile zur Schleife und
fixieren Sie diese mit einem Stück Goldkordel. Die Schleifen kleben Sie mit
Heißkleber unterhalb der Figuren an das
Rundholz.

Tipp

Kleine Herzen können Sie auch selber
aus Sperrholz sägen und mit dem 2-mm-
Bohrer durchbohren.

Kleiner Bobby

Einen Sack voller Nüsse hält der Bobby bereit.

Motivgröße 46 cm
Vorlagenbogen Seite A

Material
Sperrholz, 20 mm stark, 12 x 43 cm
Sperrholz, 10 mm stark, 18 x 18 cm
3 Dübel, Ø 6 mm
Holzperle, Ø 10 mm
Holzkugel, Ø 25 mm
   (ohne durchgehende Bohrung)
Farben, auch Gold
roter Wachsmalstift
4 goldfarbene Knöpfe
Jutestoff, 27 x 36 cm
Goldkordel

Hilfsmittel
Bohrer, Ø 6 mm
Heißkleber
Nadel und Faden

So wird's gemacht

Den Körper aus dem 20-mm-Sperrholz, die Standfläche B (Vorlage Seite 64) und zwei Arme aus
10-mm-Sperrholz aussägen. Bohren Sie den Hut laut
Vorlage vor. In die Fußsohlen zweimal für die Dübel
bohren und die Position mit Pins auf die Standfläche
übertragen (siehe Seite 12). Alle Teile schmirgeln
und entstauben.
Die Arme befestigen Sie mit Stiftnägeln und Leim
entsprechend dem Foto seitlich am Körper und
fixieren die größere Holzkugel mit einem Dübel und
etwas Leim auf dem Hut. Halbieren Sie die Holzperle mit einem Cutter und kleben Sie eine Hälfte als
Nase auf.
Nun den Bobby und die Standfläche bemalen. Mit
dem Wachsmalstift das Wangenrot aufreiben. Die
Knöpfe befestigen Sie mit Leim oder Heißkleber auf
der Jacke. Mit Dübeln und Leim stellen Sie den Bobby auf die Standfläche.
Nähen Sie aus dem Jutestoff einen kleinen Sack.

Dazu legen Sie die 27 cm langen Kanten aufeinander und schließen Seiten- und Bodennaht mit einigen Stichen. Den Sack wenden und die obere Kante
etwas umkrempeln. Ein etwa 25 cm langes Stück
Goldkordel doppelt legen, an die Seitennaht des
Sackes nähen und um das Handgelenk binden.

Adventskranz

Dieser Kranz aus Holz sieht auch am 4. Advent noch frisch aus.

Material

Sperrholz, 10 mm stark, 42 x 60 cm
2 Dübel, Ø 6 mm
4 Ringschrauben, 3 x 6 mm
Farben
Strukturschnee
8 Holzstreuteile Schokostern
Schleifenband, 1,10 m
Goldkordel
4 Teelichtgläser (Durchmesser am oberen
　Rand größer als 5 cm)
4 Teelichter

Hilfsmittel

Bohrer, Ø 2 mm, Ø 6 mm
evtl. Lochsäge, Ø 5 cm

Vorlagenbogen Seite B
Lebkuchenfigur: Vorlage Seite 64
(Blumenstecker-Paar)

So wird's gemacht

Sägen Sie den Kranz einmal und die Deko-Elemente in der auf der Vorlage angegebenen Anzahl aus Sperrholz zu.

Für die Tannen bohren Sie mit dem 6-mm-Bohrer von unten in den Stamm und mit gleichem Bohrer an beliebiger Stelle in den Kranz. Die Bohrungen an den Kleinteilen und die Löcher zum Aufhängen des Kranzes bohren Sie mit dem 2-mm-Bohrer.

Mit der Laubsäge oder einer Lochsäge arbeiten Sie die Aussparungen für die Teelichtgläser. Wählen Sie die Größe der Löcher (hier 5 cm Durchmesser) entsprechend den Gläsern, so dass diese nicht durchrutschen.

Anschließend bemalen Sie alle Teile entsprechend dem Foto. Die Aufschläge von Handschuhen und Socke werden mit dem Strukturschnee bemalt.

Einen Handschuh und den Lebkuchenmann befestigen Sie mit etwas Leim auf dem Kranz. Die Tannen setzen Sie mit Dübeln und Leim auf den Kranz. Schneiden Sie von der Goldkordel zwei Stücke von 1,35 m ab. Ziehen Sie die Enden eines Stückes jeweils durch zwei gegenüberliegende Bohrungen und verknoten Sie diese auf der Unterseite. Ebenso das zweite Band anbringen, beide Bänder in der Mitte zusammenfassen und an entsprechender Stelle aufhängen. Schneiden Sie nun noch vier unterschiedlich lange Stücke Kordel von 30 bis 40 cm Länge zurecht. Jeweils ein Ende in die Bohrungen der Kleinteile einkleben. An den anderen Enden kleben Sie jeweils zwei Sterne gegeneinander.

Die Ringschrauben drehen Sie an der Kranzinnenseite ein und hängen hier die Kleinteile mit dem Band an.

Aus dem Schleifenband zwei Schleifen binden und am Kranz befestigen. Zum Schluss hängen Sie die Teelichtgläser ein.

Variation als Adventskalender

Auch als Adventskalender leistet der Kranz gute Dienste.

Vorlagenbogen Seite B (Adventskranz)
Lebkuchenfigur: Vorlage Seite 64
(Blumenstecker-Paar)

Material
Sperrholz, 10 mm stark, 42 x 55 cm
2 Dübel, Ø 6 mm
12 Ringschrauben, 3 x 6 mm
Farben
Strukturschnee
Schleifenband, 1,10 m
Goldkordel
4 Teelichtgläser
roter Filz, 42 x 112 cm
weißes Stickgarn
Nadel
24 kleine Knöpfe

Hilfsmittel
Bohrer, Ø 3 mm, Ø 6 mm
evtl. Lochsäge, Ø 5 cm
Zackenschere für Stoff

So wird's gemacht

Arbeiten Sie den Kranz wie auf Seite 30 beschrieben. Zum Dekorieren jedoch nur die Tannen, die Figur und einen Handschuh aussägen. Ringschrauben gleichmäßig verteilt in die Unterseite des Kranzes schrauben.

Aus dem roten Filz schneiden Sie mit der Zackenschere 24 Quadrate von 14 x 14 cm aus. Legen Sie zwei gegenüberliegende Ecken so zusammen, dass eine Tüte entsteht. Die aufeinander treffenden Kanten mit dem Stickgarn im Kreuzstich schließen.

Schneiden Sie von der Goldkordel 24 Stücke in unterschiedlichen Längen, legen Sie die Stücke zu Schlaufen und nähen Sie diese mit je einem Knopf an die offene Ecke der Filztüten. Nun können Sie die Tüten füllen und mit der Goldkordel an den Ringschrauben aufhängen.

Willkommen, Winter

Warm verpackt, die Ohren geschützt – so kann der Winter kommen.

Motivgröße 23 cm
Vorlage Seite 63

Material
Sperrholz, 10 mm stark,
   19 x 22 cm
3 kleine Sterne
Blumenbindedraht

Hilfsmittel
Bohrer, Ø 2 mm

So wird's gemacht

Den Schneemann und das Schild aus Sperrholz aussägen. Führen Sie die Bohrungen laut Vorlage aus. Beide Teile schmirgeln und entstauben.

Das Schild weiß, den Schneemann entsprechend dem Foto bemalen. Die Schrift malen Sie mit dem Pinsel auf.

Biegen Sie aus einem Stück Draht eine Spirale um einen Pinselstiel und kleben Sie die Enden in die Bohrungen am Kopf. Ebenfalls mit Draht wird der Schneemann an das Schild gehängt. Dabei den Draht um einen dicken Stift zu Spiralen wickeln.

Zum Schluss die Sterne mit Leim platzieren und auf der Rückseite eine kleine Drahtschlaufe zum Aufhängen fixieren.

Kamele

Süße Lasten tragen diese Kamele besonders gerne.

Motivgröße 26 cm
Vorlagenbogen Seite B

Material für ein Tier

Sperrholz, 20 mm stark, 25 x 26 cm
Sperrholz, 10 mm stark, 11 x 18 cm
2 Holzdübel, Ø 6 mm
Farben
Stoff, 20 x 40 cm
Paketschnur
Goldkordel

Hilfsmittel

Bohrer, Ø 3 mm, Ø 6 mm
Zackenschere für Stoff

So wird's gemacht

Sägen Sie das Kamel aus dem 20-mm-Sperrholz, die Standfläche B (Vorlage Seite 64) aus dem 10-mm-Sperrholz.

Mit dem 6-mm-Bohrer bohren Sie für die Dübel in die Fußsohlen und übertragen die Position mit Pins auf die Standfläche (siehe Seite 12). Für den Schwanz wird mit dem 3-mm-Bohrer vorgebohrt.

Alle Teile schmirgeln und anschließend bemalen. Das Kamel befestigen Sie mit den Dübeln und etwas Leim auf der Standfläche.

Ein etwa 28 cm langes Stück Paketschnur zur Kordel drehen, die Enden verknoten. Kleben Sie die Kordel in die Bohrung für den Schwanz ein.

Aus dem Stoff schneiden Sie mit der Zackenschere zwei Quadrate von 20 x 20 cm. Legen Sie Nüsse, Süßigkeiten oder einfach etwas Watte in die Mitte der Quadrate und binden sie daraus mit einem Stück Goldkordel zwei Bündel. Mit einem weiteren Stück Kordel werden beide Bündel verbunden und zwischen den Höckern hindurch über den Rücken des Kamels gehängt. Zum Schluss binden Sie noch aus Goldkordel die Zügel um den Kopf.

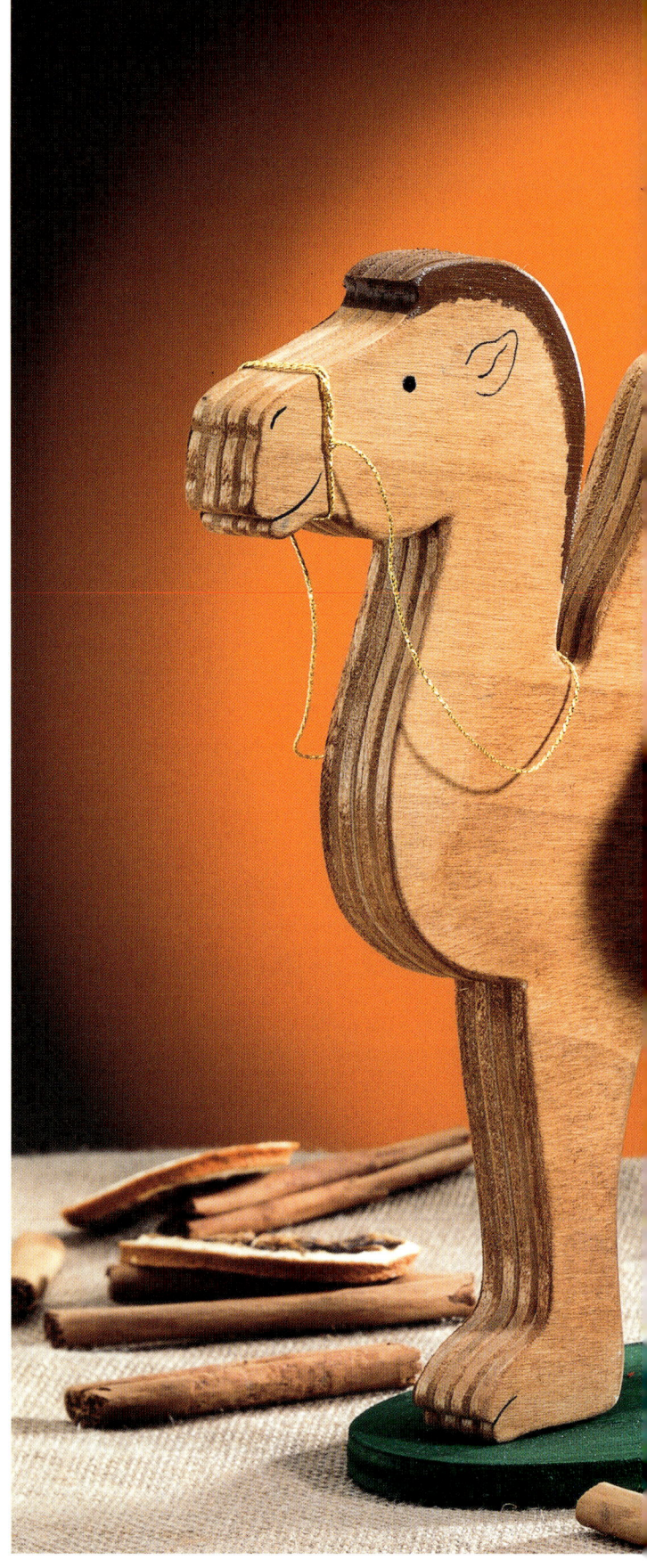

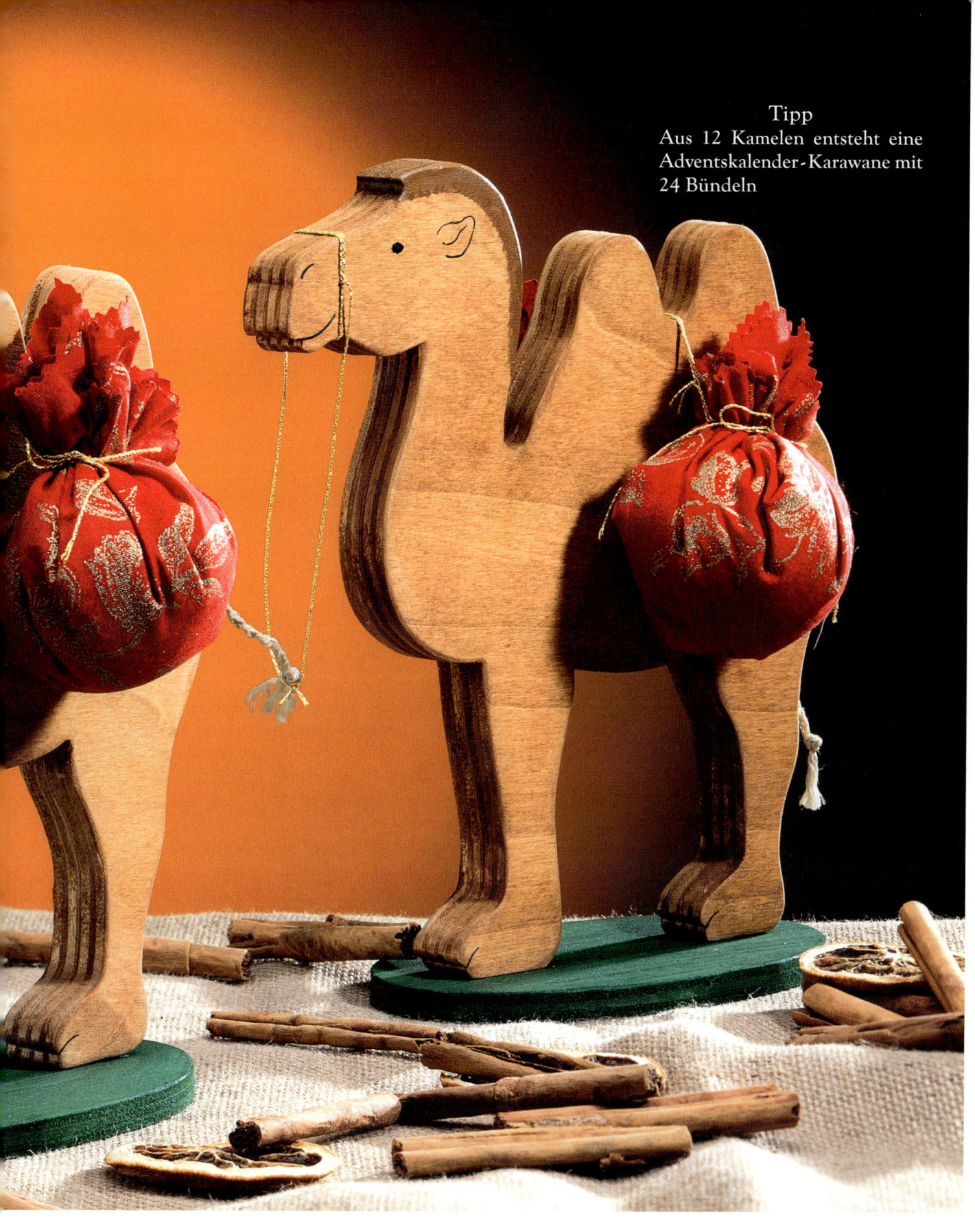

Tipp
Aus 12 Kamelen entsteht eine
Adventskalender-Karawane mit
24 Bündeln

Lichterdorf

Zauberhafte Stimmung verbreitet das beleuchtete Dorf.

Vorlagenbogen Seite B

Material
Sperrholz, 6 mm, 50 x 100 cm
Holzkugel, Ø 2 cm
Stiftnägel, 1 x 15 mm
Holzleiste, 6 x 6 mm, 52 cm lang
Farben
Strukturschnee
gelbes Transparentpapier
Steppvlies, 80 x 80 cm (Schneidereibedarf)
Lichterkette mit 10 Lichtern

Hilfsmittel
Bohrer, Ø 4 mm, 10 Ø mm

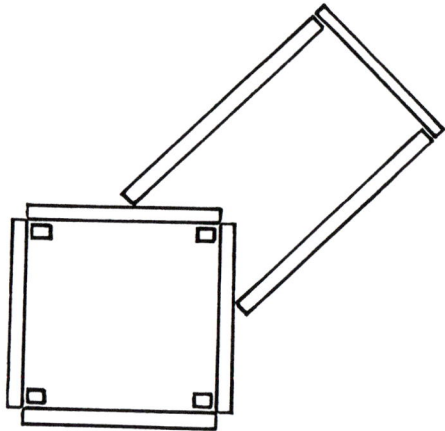

Die Kirche in der Draufsicht ohne Dach

So wird's gemacht

Sägen Sie alle Teile entsprechend der Vorlage aus dem Sperrholz aus.

Für die Innenausschnitte der Fenster erst mit einem Bohrer vorbohren und dann das Sägeblatt neu einspannen (siehe Seite 10 Aussägen der Motive). Die runden Firstfenster bohren Sie mit dem 10-mm-Bohrer. Alle Teile schmirgeln.

Setzen Sie zunächst die Häuser zusammen. Die Seitenteile werden zwischen die Firstteile geleimt und mit Stiftnägeln fixiert. Setzen Sie dann ein 5,5 cm breites Dachteil mit den Kanten bündig auf die Fläche eines 6 cm breiten Dachteiles auf. Zur Befestigung des fertigen Daches schlagen Sie je einen Stiftnagel in die Hauskanten, streichen Sie die Kanten zusätzlich mit etwas Leim ein und setzen Sie das Dach auf.

Für den Kirchturm sägen Sie die Holzleiste in vier 13 cm lange Stücke. Legen Sie ein Turmteil mit und eines ohne Fenster zurecht. Befestigen Sie mit Leim und Stiftnägeln je eine Holzleiste bündig an den vier Längskanten dieser Teile. Nun die beiden anderen Turmteile so vor die Holzleisten setzen, dass die Turmteile mit Torbogen aneinander stoßen, und ebenfalls mit Leim und Stiftnägeln fixieren.

Die Rauten für das Dach leimen Sie auf die Firstkanten des Turmes, die Spitzen stoßen gegeneinander. Der Anbau wird ebenso zusammengesetzt wie die Häuser, bekommt jedoch nur ein Firstteil und wird mit der offenen Seite über Eck an den Turm gesetzt. Das Dach leimen Sie wie bei den Häusern zusammen. Wichtig: Die ausgesägten Schrägen zusätzlich mit dem Cutter nach innen abschrägen, so dass das Dach bündig an den Turm anschließt. Die Kugel auf die Turmspitze leimen.

Bemalen Sie die Häuser und die Kirche entsprechend dem Foto oder Ihren eigenen Vorstellungen. Mit Strukturschnee die Dachkanten betonen.

Die Fenster und Türen hinterkleben Sie mit Transparentpapier. Stellen Sie die Häuser und die Kirche zur Probe auf das Steppvlies. Häuser einzeln hochnehmen und das Vlies mit einer Schere so einschneiden, dass Sie die Lichter der Lichterkette von unten durchstecken und die Häuser darüber stellen können.

Tipps

Mit kleinen Zaunstücken (Bastelbedarf) und den Tannenbäumen vom Weihnachtsschach (Vorlage Seite 60) können Sie das Dorf ausschmücken.

Hübsch wirken auch Fensterkreuze: Schneiden Sie für jedes Fenster zwei 4,5 cm lange Stücke Blumendraht ab. An den Enden kleine Ösen biegen und die Drahtstücke in die Fenster kleben.

Schlüsselloch-Figuren

*Damit die Helfer des Christkindes nicht bei der Arbeit beobachtet werden können,
versperren diese beiden die Sicht durchs Schlüsselloch.*

Motivgröße 17 cm
Vorlagenbogen Seite B

Material
Sperrholz, 10 mm stark, 18 x 19 cm
Holzperle, Ø 10 mm
Farben
roter Wachsmalstift
Schleifenband, 30 cm
Satinband, 18 cm
Paketschnur, 20 cm
Messingglöckchen Ø 10 mm

Hilfsmittel
Bohrer, Ø 2 mm
Heißkleber

So wird's gemacht

Sägen Sie den Wichtel und die Maus aus dem Sperr-
holz aus. Bei der Maus für den Innenausschnitt
zunächst mit dem Bohrer vorbohren. Durch das
Loch hindurch das Sägeblatt neu einspannen und
den Innenausschnitt aussägen. Testen Sie an Ihren
Türklinken, ob sich die Figuren daran hängen las-
sen. Eventuell die Aussparungen vergrößern. Die
Bohrung für den Schwanz der Maus laut Vorla-
ge ausführen.
Bemalen Sie beide Figuren entsprechend dem
Foto. Aus dem Schleifenband legen Sie eine
Schleife, die Sie mit Satinband abbinden. Die
Schleife mit Heißkleber unter das Kinn des
Wichtels kleben. An ein Ende des Satinbandes
das Glöckchen knoten.
Der Maus kleben Sie das Stück Paketschnur als
Schwanz in die Bohrung.

Familienstiefel

Mit diesem Türschild weiß jeder gleich, wer zur Familie gehört.

Motivgröße 26 cm
Vorlagenbogen Seite B

Hilfsmittel
Bohrer, Ø 2 mm, Ø 6 mm
Heißkleber

Material
Sperrholz, 10 mm stark, 20 x 23 cm
Sperrholz, 4 mm stark, 3,5 x 7 cm
4 Dübel, Ø 6 mm
Farben
roter Wachsmalstift
weißer Lackstift
verzinkter Draht, Ø 1,5 mm
Stickgarn in Schwarz
Schleifenband, 55 cm
Bast

So wird's gemacht

Den Stiefel, zwei große Köpfe und zwei kleine Köpfe aus dem 10-mm-Sperrholz aussägen. Die Bohrungen an den Köpfen und der oberen Stiefelkante mit dem 6-mm-Bohrer, die zwei anderen Bohrungen mit dem 2-mm-Bohrer ausführen.

Für die Haare bohren Sie mit dem 2-mm-Bohrer einen großen und einen kleinen Kopf (Vater und Sohn) je einmal vor, der zweite große Kopf (Mutter) wird viermal vorgebohrt, der kleine Kopf (Tochter) dreimal.

Alle Teile schmirgeln und anschließend bemalen. Die Wangen betonen Sie mit dem Wachsmalstift. Das Rechteck aus 4-mm-Sperrholz beschriften Sie mit dem Lackstift. Schneiden Sie für die Frisuren etwa 2 cm lange Stücke vom Stickgarn ab und kleben Sie jeweils drei Stücke in eine Bohrung am Kopf.

Setzen Sie die Köpfe mit Dübeln und Leim auf den Stiefel. Das Namensschild platzieren Sie ebenfalls auf dem Stiefel. Ein etwa 45 cm langes Stück Draht abschneiden, eine Spirale um einen Pinselstiel hineinbiegen und mit den Enden an den seitlichen Bohrungen des Stiefels befestigen.

Schneiden Sie vom Schleifenband 10 cm ab und binden Sie es in eine Bastschleife mit ein. Die Bastschleife am Draht befestigen. Das übrige Schleifenband zur Schleife legen, mit einem Bastfaden abbinden und auf dem Stiefel platzieren.

Kerzenbär

Verträumt schaut der kleine Bär dem Tanz der Kerzenflamme zu.

So wird's gemacht

Sägen Sie den Bär aus dem 20-mm-Sperrholz und die zwei Arme aus dem 10-mm-Sperrholz aus. Alle Teile schmirgeln und entstauben.

Mit Leim befestigen Sie die Arme am Körper. Achten Sie darauf, dass die Pfoten die Unterlage berühren, wenn der Bär sitzt. Den Bär entsprechend dem Foto oder eigenen Vorstellungen bemalen.

Befestigen Sie den Kerzenhalter mit Leim auf der Fußspitze und stellen Sie zum Schluss die Kerze in den Halter.

Material
Sperrholz, 20 mm stark, 21 x 22 cm
Sperrholz, 10 mm stark, 11 x 11 cm
Kerzenhalter, Ø 30 mm
Farben
Kerze

Motivgröße 21 cm
Vorlagenbogen Seite B

Weihnachtshase

Nanu, auch die Hasen feiern Weihnachten!

Material
Sperrholz, 10 mm stark,
   15 x 24 cm
Rundholz, Ø 6 mm,
   8 cm lang
Farben
Strukturschnee
roter Wachsmalstift

Hilfsmittel
Bohrer, Ø 6 mm

Motivgröße 23 cm
Vorlage Seite 60

So wird's gemacht

Sägen Sie den Hasen und zwei Füße aus Sperrholz aus. Die Bohrungen führen Sie laut Vorlage aus. Alle Teile schmirgeln und entstauben.

Das Rundholz in der Mitte durchsägen und die Stücke als Beine in die Bohrungen am Körper leimen. Die Füße leimen Sie an die Enden der Rundhölzer und drehen die Fußspitzen etwas nach außen.

Bemalen Sie den Hasen nach eigenen Vorstellungen. Krempe und Bommel der Mütze mit Strukturschnee betonen. Das Wangenrot reiben Sie mit dem Wachsmalstift auf.

Fliegender Engel

Ganz leise schwebt der Engel durch den Raum.

Material

Sperrholz, 10 mm stark, 18 x 18 cm
Alublech, 0,2 mm stark, 5 x 12 cm
Ringschraube, 3 x 6 mm
Stiftnagel, 1 x 15 mm
verzinkter Draht, Ø 1,5 mm
Farben
Minigirlande mit Perlen, 12 cm

Hilfsmittel

Bohrer, Ø 2 mm

Motivgröße 13 cm
Vorlage Seite 61
Stern: Vorlagenbogen Seite A (Baumanhänger)

So wird's gemacht

Sägen Sie den Engel und den Stern aus Sperrholz aus. Bohren Sie den Stern in der Mitte und den Engel laut Vorlage mit dem Bohrer vor.

Beide Teile bemalen. Die Flügel schneiden Sie aus dem Alublech und befestigen sie mit dem Stiftnagel auf dem Rücken des Engels, dabei die Bohrung nicht verdecken.

Biegen Sie ein etwa 56 cm langes Stück Draht in Form eines Fragezeichens (die Rundung hat einen Innendurchmesser von etwa 15 cm). Am gebogenen Ende biegen Sie einen kleinen Haken, am geraden Ende biegen Sie nach 1 cm einen rechten Winkel, dann zwei Windungen einer größer werdenden Schnecke und noch einen rechten Winkel in die andere Richtung als vorher. Befestigen Sie das kurze untere Stück mit Leim in der Bohrung des Sternes.

Die Ringschraube am Rücken des Engels in die Bohrung schrauben und den Engel an den Haken hängen. Aus der Minigirlande biegen Sie einen Kranz und kleben ihn dem Engel an die Hand. Eventuell den gebogenen Draht noch etwas korrigieren, bis der Engel frei schwebt, ohne umzufallen.

Buchstützen

Irgendwie schafft es der Nikolaus immer, die Geschenke ins Haus zu bringen.

Motivgröße 21 cm
Vorlagenbogen Seite A
Tanne: Vorlagenbogen Seite B (Adventskranz)

Material
Sperrholz, 10 mm stark, 30 x 62 cm
9 Holzdübel, Ø 6 mm
Farben, auch Gold
Goldkordel

Hilfsmittel
Bohrer, Ø 6 mm

So wird's gemacht

Sägen Sie zwei Platten von 15 x 17 cm, zwei Platten von 15 x 20 cm, die Teile für den Nikolaus und den Tannenbaum aus Sperrholz aus. Für die Pakete aus den Resten Stücke von 2 x 3 cm und 3 x 3 cm sägen und zu doppelter Stärke aufeinander leimen.
Für die Buchstützen setzen Sie jeweils eine größere Platte mit Leim und zwei Dübeln mit einer Schmalseite auf eine flach gelegte kleinere Platte, so dass die Kanten bündig aufeinander treffen. Die Bohrungen dafür führen Sie mit dem 6-mm-Bohrer aus und übertragen sie mit Pins auf das zweite Teil (siehe Seite 12).
Nun die Bohrungen der Nikolausteile mit den Pins in die Mitte der senkrechten Platten übertragen. Fixieren Sie zunächst den hinteren Teil des Nikolaus und setzen Sie dann das vordere Teil in entsprechender Höhe auf die zweite Buchstütze. Teile mit Dübeln und Leim befestigen. Den Tannenbaum platzieren Sie auf gleiche Weise.
Bemalen Sie alle Teile entsprechend dem Foto. Die Päckchen bekommen Schleifen aus Goldkordel aufgeklebt. Eines hängen Sie dem Nikolaus an die Hand, die übrigen platzieren Sie mit Leim auf der vorderen Platte.

Weihnachts-schach

Das Königsspiel ganz im Weihnachtszauber.
Gleich noch mal so spannend.

Vorlagen Seite 60

Material
Sperrholz, 10 mm stark, 30 x 40 cm
32 Holzscheiben 8 mm stark, Ø 3 cm
Sperrholz, 6 mm stark, 37 x 37 cm
Stiftnäge,l 1 x 15 mm
Farben, auch Gold und Silber

So wird's gemacht

Sägen Sie die Figuren aus dem 10-mm-Sperrholz aus. Sie benötigen den Engel (Dame) und den Nikolaus (König) je zweimal; Elch (Pferd), Stiefel (Springer) und Tanne (Turm) je viermal und den Stern (Bauer) 16-mal. Alle Teile schmirgeln und entstauben.
Setzen Sie nun die Figuren mit Stiftnägeln und Leim auf die Holzscheiben (siehe Seite 12, Holzverbindungen). Anschließend werden die Figuren so bemalt, dass sie in eine goldene und eine silberne Gruppe unterteilt sind. Dazu einzelne Elemente, etwa Geweih, Engelsflügel oder Tannenbaumschmuck, golden bzw. silbern bemalen.
Auf die 6-mm-Sperrholzplatte zeichnen Sie rundherum einen 2,5 cm breiten Rand. Die Fläche in der Mitte teilen Sie in 64 Quadrate im Format 4 x 4 cm und bemalen sie abwechselnd in Gold und Silber.
Zum Schluss die Figuren aufstellen und los geht das Spiel.

Kartenwichtel Winni

Der Wichtel präsentiert die Weihnachtspost ganz dekorativ.

Motivgröße ohne Stab 40 cm
Vorlagenbogen Seite A

Material

Sperrholz, 20 mm stark, 18 x 33 cm
Sperrholz, 10 mm stark, 25 x 30 cm
Holzkugel, Ø 35 mm
Rundholz, Ø 6 mm, 80 cm lang
2 Dübel, Ø 6 mm
Farben, auch Gold
roter Wachsmalstift
kleine Wäscheklammern (Puppenzubehör)
Stein oder Holzklotz

Hilfsmittel

Bohrer, Ø 6 mm
evtl. Steinbohrer, Ø 6 mm

So wird's gemacht

Sägen Sie den Wichtel aus dem 20-mm, Arme, Beine, Beinzwischenstück und Stern aus dem 10-mm-Sperrholz aus. Die Hände durchbohren Sie ganz, Zipfelmütze, Po und Stern werden nur vorgebohrt.

Sägen Sie von dem Rundholz ein Stück von 4,5 cm ab. Dieses Stück wird so in die Bohrung der Holzkugel geleimt, dass es auf einer Seite bündig abschließt. Das auf der anderen Seite überstehende Ende mit Leim in der Bohrung der Zipfelmütze befestigen.

Bemalen Sie alle Teile entsprechend dem Foto. Die Wangen und Nase betonen Sie mit dem Wachsmalstift. Schieben Sie das lange Rundholz durch die Bohrungen der Hände und fixieren Sie die Arme mit Leim auf dem Körper. Nun das Beinzwischenstück hinter das linke Bein leimen. Befestigen Sie erst das rechte Bein, dann das linke Bein auf dem Körper. Da die Beine nicht flächig aufliegen, achten Sie darauf, dass an den entsprechenden Stellen genügend Leim ist.

Den Stern auf das Rundholz leimen. Suchen Sie auf dem Stein oder Baumabschnitt die passende Position für den Wichtel, übertragen Sie die Bohrung vom Po und bohren Sie mit dem 6-mm-Bohrer vor. Den Wichtel mit dem Dübel befestigen.

Zum Schluss die Weihnachtspost mit den Wäscheklammern an das Rundholz klemmen.

Nikolaus

Dieser Nikolaus macht sich überall nützlich, wo etwas aufgehängt werden soll.

Motivgröße 38 cm
Vorlagenbogen Seite B
Hände: Vorlagenbogen Seite B (Schneemann-Kalender). Schild: Vorlagenbogen Seite A (Willkommensgruß)

Material
Sperrholz, 10 mm stark, 22 x 34 cm
Sperrholz, 4 mm stark, 14 x 15 cm
Holzkugel, ohne Bohrung, Ø 25 mm
verzinkter Draht, Ø 1,5 mm, 16 cm
4 Winkelhaken zum Einschrauben, 2 cm lang
Stiftnagel, 1 x 15 mm
Farben
roter Wachsmalstift
Bilderöse

Hilfsmittel
Bohrer, Ø 2 mm

So wird's gemacht

Den Nikolaus, die Hände und das Schild aus dem 10-mm-Sperrholz sägen. Der Bart wird aus dem 4-mm-Sperrholz gesägt. Die Bohrungen führen Sie laut Vorlage aus. Markieren Sie auf dem Schild vier Punkte in gleichmäßigen Abständen und bohren Sie hier für die Winkelhaken vor.

Den Stiftnagel zur Hälfte in die Holzkugel einschlagen, den Kopf abkneifen (Schutzbrille!) und die Kugel mit Leim auf der Mütze befestigen. Darauf achten, dass die Kugel nicht zur Rückseite übersteht. Alle Teile bemalen und Nase und Wangen mit dem Wachsmalstift betonen. Leimen Sie das Schild auf den Nikolaus und schrauben Sie die Haken ein. Nun den Bart platzieren; da er nicht flächig aufliegt, genügend Leim an den Kontaktstellen auftragen.

Den Draht schneiden Sie in zwei gleiche Teile und kleben diese als Arme in die seitlichen Bohrungen. Die Hände auf die Drahtenden kleben und zusätzlich auf der Rückseite des Schildes befestigen. Zum Schluss die Bilderöse auf der Rückseite anbringen.

Tipp
Sollten Sie keine Holzkugel ohne Bohrung bekommen, leimen Sie ein Stück Rundholz mit entsprechendem Durchmesser in die Bohrung. Die Übergänge etwas anschmirgeln.

Kleine Tischengel

*Die kleinen Engel zeigen jedem seinen Platz
an der Festtafel.*

Motivgröße 14 cm
Vorlage Seite 61

Material für eine Figur
Sperrholz, 6 mm stark, 8 x 9 cm
Sperrholz, 4 mm stark, 8 x 9 cm
Alublech, 0,2 mm stark, 4 x 6 cm
3 Stiftnägel, 1 x 15 mm
Zahnstocher
Farben
Minigirlande mit Perlen, 8 cm
Tonkarton in Gold/Silber
Filzstift

Hilfsmittel
Bohrer, Ø 2 mm

So wird's gemacht

Den Engel aus dem 6-mm-Sperrholz, den Stern aus
dem 4-mm-Sperrholz sägen. Die Hand vorbohren.
Beide Teile schmirgeln und entsprechend dem Foto
bemalen.

Die Flügel aus Alublech schneiden und mit einem
Stiftnagel (kürzen, Schutzbrille!) an den Rücken des
Engels nageln. Den Engel mit zwei Stiftnägeln und
Leim auf dem Stern befestigen. Schlagen Sie dazu die
Nägel bis zur Hälfte in die Unterkante des Engels
ein. Mit einem Seitenschneider die Nägel kürzen
(Schutzbrille tragen!), Leim auf die Holzkante auf-
tragen und den Engel auf den Stern drücken. Deko-
rieren Sie die Minigirlande um den Engel herum
(evtl. mit Leim fixieren).

Den kleinen Stern schneiden Sie aus Tonkarton aus
und kleben ihn an den Zahnstocher. Zum Schluss
den Stern beschriften und in die Bohrung der Hand
stecken. So kann er leicht für den nächsten Besuch
ausgewechselt werden.

Baumanhänger

An Tannenbaum oder Gesteck schmücken diese Anhänger den Raum.

Motivgröße 10 cm
Vorlagenbogen Seite A
Handschuh, Stiefel, Herz: Vorlagenbogen Seite B
(Adventskranz)

Material für fünf Teile
Sperrholz, 10 mm stark, 18 x 28 cm
Blumenbindedraht
Farben
Strukturschnee
5 Knöpfe
Stoffrest

Hilfsmittel
Bohrer, Ø 2 mm
Heißkleber

So wird's gemacht

Sägen Sie den Stern zweimal, alle anderen Motive
einmal aus Sperrholz aus. Mit dem Bohrer die Motive über Eck oder an schmalen Stellen durchbohren.
Schmirgeln und bemalen Sie die Motive. Den Auf-
schlag an der Socke und dem Handschuh bemalen Sie mit Strukturschnee.
Aus dem Stoffrest fünf Sterne nach Vorlage
ausschneiden, dünn mit Leim bestreichen und
auf die Motive kleben. Je einen Knopf mit
Heißkleber darauf fixieren.
Zur Aufhängung jeweils ein Stück Blumenbindedraht von etwa 34 cm durch die Bohrung
ziehen. Den Draht an einigen Stellen um
einen Pinselstiel zu Spiralen wickeln und
oben zu einer Schlaufe biegen.

Engel zum Schieben

Dieser Engel »fliegt« mit leichtem Flügelschlag durch den ganzen Raum.

Motivgröße 34 cm
Vorlagenbogen Seite B

Material
Sperrholz, 20 mm stark, 21 x 34 cm
Sperrholz, 10 mm stark, 12 x 24 cm
Sperrholz, 4 mm stark, 11 x 30 cm
Rundholz, Ø 8 mm, 56 cm lang
Holzkugel, Ø 30 mm
2 kleine Stern
Farben, auch Gold
roter Wachsmalstift
4 Ringschrauben, 3 x 6 mm
verzinkter Draht, Ø 1,5 mm, 40 cm lang
Blumenbindedraht
goldener Zierdraht, 44 cm

Hilfsmittel
Bohrer, Ø 2 mm, Ø 8 mm,
    Ø 10 mm

So wird's gemacht

Den Engel aus dem 20-mm-starken, zwei Räder aus dem 10-mm-Sperrholz sägen. Das Herz, zwei Flügel sowie zwei Stücke von 3 x 3 cm sägen Sie aus dem 4-mm-Sperrholz zu. Die Bohrungen für die Schiebestange und die Mittelbohrung der Räder mit dem 8-mm-Bohrer ausführen. Den vorderen Saum des Kleides durchbohren Sie an der Markierung, die beiden kleinen Quadrate in der Mitte mit dem 10-mm-Bohrer. Die übrigen Löcher mit dem 2-mm-Bohrer vorbohren. Bemalen Sie alle Teile entsprechend dem Foto oder Ihren eigenen Vorstellungen.
Sägen Sie vom Rundholz 5,5 cm ab und schieben Sie dieses Stück als Achse durch die Bohrung am Kleidersaum. Die kleinen Vierecke als Abstandhalter über die Bohrungen der Räder leimen. Die Räder mit Leim an der Achse befestigen. Wichtig: Achten Sie darauf, dass die Räder gleich laufen, da die Bohrung nicht in der Mitte liegt.

Schrauben Sie an den Flügeln (Punkt in der Vorlage) auf der späteren Flügelunterseite je eine Ringschraube ein. Am Rücken des Engels zwei Ringschrauben eindrehen, etwas aufbiegen und die Flügel mit ihrer Bohrung einhängen. Den Draht mit 1,5-mm-Durchmesser in zwei gleiche Stücke schneiden, jeweils an einem Ende eine Öse biegen und an den Flügeln einhängen. Das andere Ende der Drähte jeweils auf der entsprechenden Seite durch die kleine Bohrung im

Rad schieben und auf der Innenseite etwa 1 cm umbiegen. Probieren Sie aus, ob alles gut funktioniert, evtl. den Draht etwas nachbiegen.
Die Sterne von beiden Seiten auf das Herz kleben. Ein etwa 10 cm langes Stück Blumendraht in die Bohrungen von Hand und Herz kleben und zurechtbiegen. Aus dem Zierdraht biegen Sie einen Kreis, verdrehen die Enden miteinander und kleben diese am Kopf in die Bohrung. Zum Schluss als Schiebestange das Rundholz etwas anspitzen, die Holzkugel aufleimen und das andere Ende der Stange mit Leim in der Bohrung befestigen.

Tütenverschlüsse

Ausgefallene Verpackungen sind besonders in der Weihnachtszeit gefragt.

Motivgröße 15 cm
Vorlage Seite 62

Material für vier Verschlüsse
Sperrholz, 4 mm stark, 17 x 26 cm
Farben
Rest Aludraht, 0,2 mm stark
Nadel
Blumenbindedraht
Papiertüten

Hilfsmittel
Bohrer, Ø 2 mm
Motivlocher Stern
Kraftkleber

So wird's gemacht

Sägen Sie zwei Tannen und zwei Wichtel aus Sperrholz aus. Mit dem 2-mm-Bohrer die Hand der Wichtel durchbohren.
Alle Teile schmirgeln und entstauben. Bemalen Sie die Wichtel entsprechend dem Foto oder Ihren eigenen Vorstellungen.
Aus dem Alublech sechs Sterne ausstanzen. Je zwei Sterne auf die Tannen kleben. Die beiden übrigen Sterne durchstechen Sie an einer Spitze mit einer Nadel und hängen sie den Wichteln mit Blumendraht an die Hand.
Den oberen Rand der Papiertüte 4 cm weit umknicken. Messen und markieren Sie von der oberen Kante ausgehend 1,5 cm und noch einmal 1,5 cm. Entsprechend dieser Markierungen ziehen Sie in der Mitte der Tütenbreite Linien von 4,5 cm Länge und schneiden diese mit dem Cutter durch alle Lagen ein. Die Papiertüten füllen und eine Figur durch die Lasche stecken.

Elch-Test

Eine Zugfeder bringt den geflügelten Elch richtig in Schwung.

Motivgröße 25 cm
Vorlage Seite 62
Flügel: Vorlage Seite 61
(Fliegender Engel)
Geweih: Vorlagenbogen Seite B
(Frohes Fest!)

Material
Sperrholz, 10 mm stark, 14 x 23 cm
Sperrholz, 4 mm stark, 3,5 x 7 cm (Schild)
Zugfeder
Alublech, 0,2 mm stark, 10 x 11 cm
Stiftnagel, 1 x 15 mm
Ringschraube, 3 x 6 mm
Blumenbindedraht
Schleifenband, 30 cm
Messingglöckchen, Ø 2 cm

Hilfsmittel
Bohrer, Ø 2 mm

So wird's gemacht

Den Elch aus dem 10-mm-Sperrholz sägen. Die Bohrungen führen Sie laut Vorlage aus. Das Schild in der Mitte der Längskante durchbohren.
Elch und Schild schmirgeln und beide Teile entsprechend dem Foto bemalen.
Schneiden Sie die Flügel aus Alublech aus. Mit dem Stiftnagel wird das Flügelteil auf dem Rücken des Elchs befestigt.
Die Ringschraube drehen Sie in die Bohrung am Ohr ein. Ziehen Sie die letzten Windungen an den Enden der Zugfeder etwas auf und biegen Sie eine Öse in jedes Ende. Die Zugfeder in die Ringschraube einhängen.
Das Geweih biegen Sie nach Vorlage aus Blumenbindedraht. Die Geweihteile in die Bohrungen am Kopf einkleben.

Elch Test

Ein 16 cm langes Stück Draht kleben Sie mit einem Ende in die Bohrung der Hand. Einige Schlaufen hineinbiegen und am anderen Ende das Schild mit einer Öse befestigen.

Legen Sie das Schleifenband zur Schleife und fixieren Sie diese mit einem Stück Draht an dem Glöckchen. Zum Schluss die Schleife mit Heißkleber am Schild befestigen.

Schlüsselanhänger

Es weihnachtet sehr, selbst das Schlüsselbund schmückt sich.

Motivgröße 10 cm
Vorlagenbogen Seite B
(Adventskranz)

Material für zwei Anhänger
Sperrholz, 10 mm stark,
    9 x 12 cm
Farben
Strukturschnee
2 Ringschrauben, 3 x 6 mm
2 Schlüsselanhänger oder
    -ringe

Hilfsmittel
Bohrer, Ø 2 mm

So wird's gemacht

Sägen Sie Handschuh und Zu-
ckerstange nach den Vorlagen
für den Adventskranz aus Sperrholz aus. Für die Ringschraube
bohren Sie an den markierten
Stellen mit dem 2-mm-Bohrer
vor. Beide Teile schmirgeln und
bemalen. Den Umschlag am
Handschuh mit Strukturschnee
bestreuen.
Schrauben Sie die Ringschrauben in das Holz. Mit einer spitzen Zange biegen Sie die Schrau-
be etwas auf und hängen den
Schlüsselanhänger bzw. Schlüs-
selring ein. Die Ringschraube
wieder zusammenbiegen.

Weihnachtshase
Seite 42

2 x

2 x

Weihnachtsschach
Seite 46

4 x

4 x

4 x

16 x

2 x

60

Fliegender Engel
Seite 43

Blech

Spiegeln

Blech

Tischengel
Seite 50

Standfläche Stern
Seite 43, 50

61

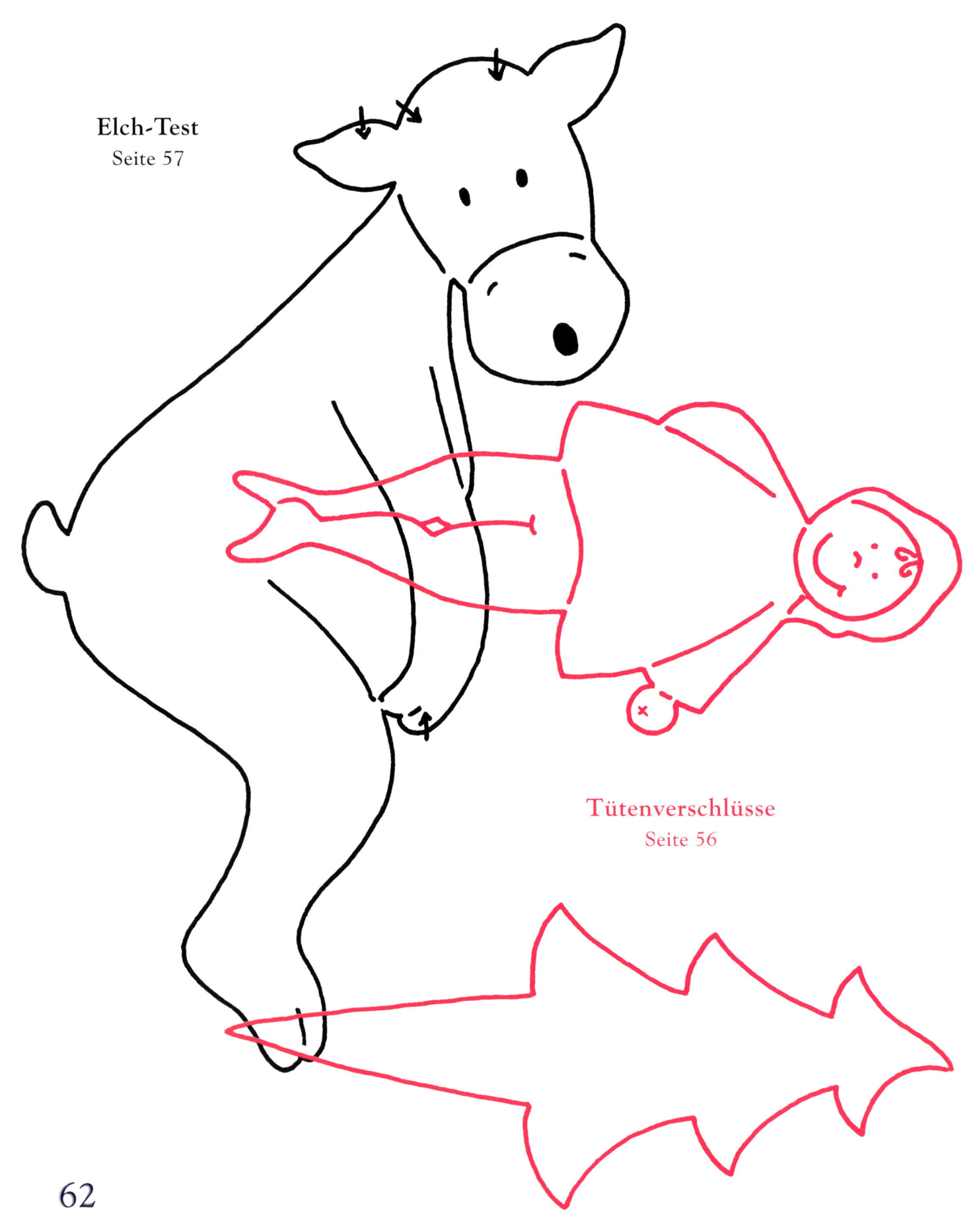

Elch-Test
Seite 57

Tütenverschlüsse
Seite 56

62

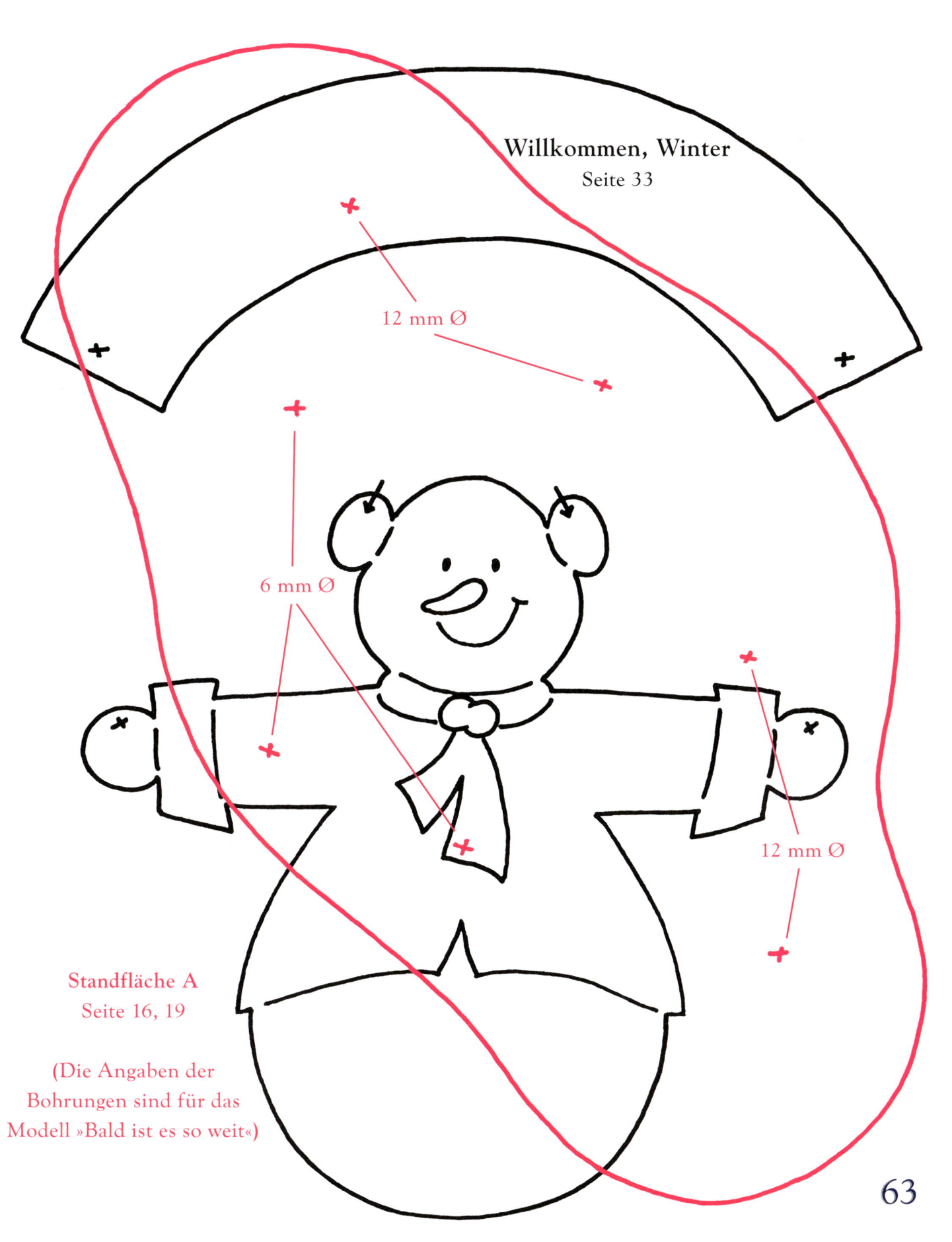

Willkommen, Winter
Seite 33

12 mm Ø

6 mm Ø

12 mm Ø

Standfläche A
Seite 16, 19

(Die Angaben der
Bohrungen sind für das
Modell »Bald ist es so weit«)

63

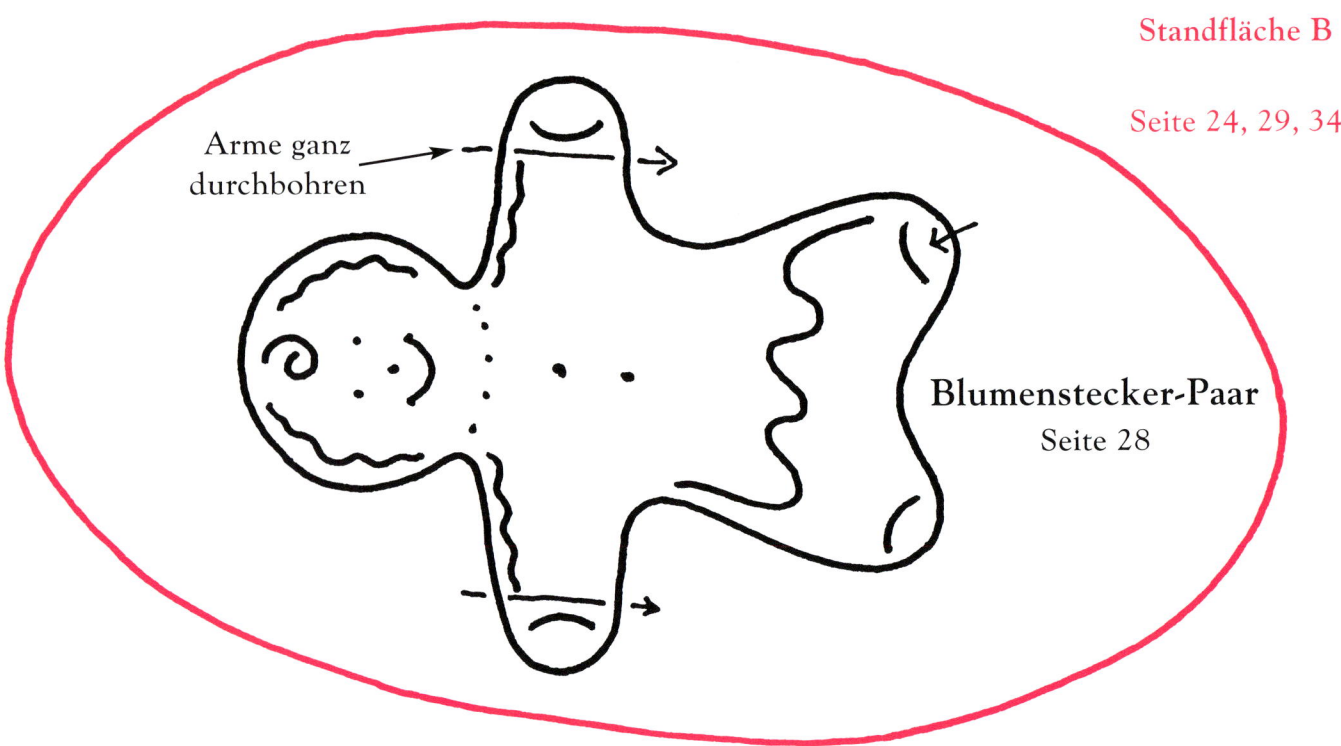

Arme ganz
durchbohren

Standfläche B

Seite 24, 29, 34

Blumenstecker-Paar
Seite 28

Die Deutsche Bibliothek – CIP-Einheitsaufnahme

Ein Titeldatensatz für diese Publikation ist bei
Der Deutschen Bibliothek erhältlich.

Bei der Verwendung im Unterricht und in Kursen ist auf dieses
Buch hinzuweisen.

Fotografie: Klaus Lipa, Diedorf bei Augsburg
Lektorat: Sabine Fels, Renningen
Umschlagkonzeption: Karin Niedermeier, München
Layout und Herstellung: Jörg Alt

AUGUSTUS VERLAG, München 2002
© Weltbild Ratgeber Verlage GmbH & Co. KG

Satz: Gesetzt aus 11 Punkt Goudy auf Quark XPress im Verlag
Reproduktion: KaltnerMedia, Bobingen
Druck und Bindung: Appl, Wemding

Gedruckt auf 115 g umweltfreundlich chlorfrei gebleichtem
Papier.

ISBN 3-8043-0990-9

Printed in Germany

Besuchen Sie uns im Internet:
www.augustus.de